구역 공과

디모데전서

하나님의 사람들에게

I Timothy

평광교회 교구부

쿰란출판사

목

차 | Contents

교재 사용 안내

본 교재는 그룹성경공부 목적으로 만들어졌습니다. 디모데전서를 쉽게 풀었으며, 개론서 정도의 수준입니다. 본서의 질문은 성경을 읽으면 쉽게 답할 수 있습니다. 주관식 질문도 성경을 잘 관찰하면 충분히 답할 수 있는 것들입니다. 즉 본서는 성경을 기초로 하고 있습니다.

그룹성경공부 이전에 원활한 그룹토의를 위해서 먼저 개인성경공부를 하고 모일 것을 강력하게 권합니다. 그러므로 본 교재는 그룹성경공부뿐 아니라, 개인성경공부 교재로도 충분히 사용할 수 있습니다.

성경공부를 아래의 순서에 따라 진행하면 좋습니다.

1. 시작 기도

2. 시작 찬송

3. 개요

각 장마다 그 장의 전체 개요를 두었습니다. 개요를 읽어보면 그 과 전체의 내용이 요약되어 있습니다.

4. 주제성구 읽기

그 과의 핵심구절을 주제성구로 정했습니다. 크게 읽거나, 한 주 동안 암송해도 좋습니다.

5. 본문 공부

본문은 크게 관찰 질문과 심화 및 적용 질문으로 되어 있습니다. 관찰 질문은 성경 본문을 충실히 읽고 살피면 답할 수 있고, 심화 및 적용 질문은 관찰 질문을 통해서 본문을 이해하고 더 심화된 질문, 삶에 적용할 수 있는 질문들입니다.

6. 기도

주신 말씀과 그룹성경공부일 때는 서로의 기도제목을 가지고 기도하고 마칩니다.

디모데전서 개론

1. 저자

디모데전서의 저자는 사도 바울입니다. 바울은 신약성경의 13권 서신서를 기록한 사람입니다. 다메섹 도상에서 회심한 후 그는 로마 제국 전역에서 활발하게 복음을 전했습니다. 복음을 전하던 중 어떤 교회에 문제가 생기면 바울은 자신이 갈 수 없는 경우에 자신이 신임하는 사람을 그 교회에 보냈습니다. 디모데전서는 에베소 교회에 파송한 사랑하는 후배 동역자 디모데에게 보낸 편지입니다(딤전 1:3). 디모데전서는 에베소에서 목회활동을 하고 있는 디모데를 격려하며 목회적 권면을 주기 위해 기록되었습니다.

2. 수신자

디모데전서의 수신자는 바울의 동역자이며 영적 아들로 불렸던 디모데입니다. 바울의 1차 전도여행 때 바울과 만난 디모데는 2차 전도여행부터 바울과 동행하게 됩니다. 이방인인 아버지와 유대인 어머니 사이에 태어난 디모데는 외할머니와 어머니의 신앙 교육 아래 믿음의 배경 속에서 자랐습니다(딤후 1:5; 행 16:1-3). 디모데전서에는 디모데를 향한 바울의 애틋한 마음이 많이 담겨 있습니다. 전승에 의하면, 디모데는 에베소 감독으로 지내다가 도미티아누스 황제 때 순교한 것으로 전해집니다.

3. 디모데전서의 내용과 주제

① 디모데전서는 목회서신입니다.

당시 목회자였던 디모데에게 보낸 서신서인 만큼 디모데전서는 목회에 대한 실제적이며 구체적인 권면의 말씀이 많이 기록되어 있습니다. 즉, 기도에 대한 가르침, 감독과 집사의 자격, 거짓 교사들에 대한 경계, 성도들을 대하는 태도, 말씀과 기도를 통한 경건 등 목회자가 어떤 태도와 마음가짐으로 목양해야 하는지 일러주고 있습니다. 이는 비단 목회자만을 위한 내용은 아닐 것입니다. 이 시대의 모든 그리스도인들이 귀담아들어야 할 내용으로, 신실한 신앙을 추구하는 데 많은 도움이 될 것입니다.

② 디모데전서에는 디모데를 향한 바울의 개인적 애정이 많이 담겨 있습니다.

사도 바울은 디모데를 일컬어 "하나님의 사람"(6:11), "아들"(1:18)로 칭하여 개인적인 애정을 표현하고 있습니다. 특정 개인에게 보낸 편지이기 때문에 다른 바울 서신들에 비해 바울의 사적인 감정과 솔직한 표현을 느낄 수 있습니다. 그만큼 허심탄회하게 고백한 바울의 마음을 경험할 수 있습니다.

③ 디모데전서는 오늘날 교회의 모습을 돌아보는 데 통찰력을

제공합니다.

다른 바울 서신들과 마찬가지로 디모데전서를 통해 당시 초대교회의 현실을 들여다볼 수 있습니다. 성도들을 미혹케 하는 움직임, 직분자들이 지녀야 할 마음, 경건에 이르기 위한 길, 성도들의 구제 등 디모데전서의 주요 내용을 통해 오늘날 교회의 현실에 적용하는 데 많은 도움을 줍니다.

디모데전서 구조

전반부 (1–3장)	전반부: 목회자로서 지녀야 할 기본원리	
	머리말	1. 발신자 소개(1:1) 2. 수신자 및 문안인사(1:2)
	서론	1. 다른 교훈에 대한 경계(1:3–11) 2. 하나님의 은혜에 대한 감사(1:12–17) 3. 믿음에 파선한 사람들(1:18–20)
	기도에 대한 가르침	1. 기도의 중요성과 가르침(2:1–7) 2. 공동체 내에서의 남녀의 역할(2:8–15)
	감독과 집사의 자격	1. 감독의 자격(3:1–7) 2. 집사의 자격(3:8–13) 3. 경건의 비밀(3:14–16)
후반부 (4–6장)	후반부: 목회자로서 행해야 할 세부지침	
	좋은 일꾼	1. 거짓말하는 자들(4:1–5) 2. 그리스도 예수의 좋은 일꾼(4:6–16)
	성도를 대하는 태도	1. 어르신 성도들에 대한 권면(5:1–2) 2. 참 과부에 대한 권면(5:3–10) 3. 젊은 과부에 대한 권면(5:11–16) 4. 장로들에 대한 권면(5:17–25) 5. 종에 대한 권면(6:1–2)
	말씀과 경건에 관한 교훈	1. 경건에 이르는 길(6:3–5) 2. 자족하는 마음(6:6–10) 3. 믿음의 선한 싸움(6:11–16) 4. 부한 자들에 대한 경고(6:17–19) 5. 마지막 권면(6:20–21)

1과

서론: 인사말, 다른 교훈(1:1-11)

1우리 구주 하나님과 우리의 소망이신 그리스도 예수의 명령을 따라 그리스도
예수의 사도 된 바울은 2믿음 안에서 참 아들 된 디모데에게 편지하노니 하나님
아버지와 그리스도 예수 우리 주께로부터 은혜와 긍휼과 평강이 네게 있을지어
다 3내가 마게도냐로 갈 때에 너를 권하여 에베소에 머물라 한 것은 어떤 사람들
을 명하여 다른 교훈을 가르치지 말며 4신화와 끝없는 족보에 몰두하지 말게 하
려 함이라 이런 것은 믿음 안에 있는 하나님의 경륜을 이룸보다 도리어 변론을
내는 것이라 5이 교훈의 목적은 청결한 마음과 선한 양심과 거짓이 없는 믿음에
서 나오는 사랑이거늘 6사람들이 이에서 벗어나 헛된 말에 빠져 7율법의 선생이
되려 하나 자기가 말하는 것이나 자기가 확증하는 것도 깨닫지 못하는도다 8그
러나 율법은 사람이 그것을 적법하게만 쓰면 선한 것임을 우리는 아노라 9알 것
은 이것이니 율법은 옳은 사람을 위하여 세운 것이 아니요 오직 불법한 자와 복
종하지 아니하는 자와 경건하지 아니한 자와 죄인과 거룩하지 아니한 자와 망령
된 자와 아버지를 죽이는 자와 어머니를 죽이는 자와 살인하는 자며 10음행하는
자와 남색하는 자와 인신매매를 하는 자와 거짓말하는 자와 거짓맹세하는 자와
기타 바른 교훈을 거스르는 자를 위함이니 11이 교훈은 내게 맡기신 바 복되신
하나님의 영광의 복음을 따름이니라

시작 찬송 - 9장 "하늘에 가득 찬 영광의 하나님"

개요

이제 디모데전서의 여정이 시작되었습니다. 다른 바울 서신과 마찬가지로 문안인사와 축복의 말씀으로 서신이 시작됩니다. 특별히 타 바울 서신의 인사말에 나오지 않는 표현도 등장합니다. 또한 서신을 쓴 중요한 이유와 당시 '다른 교훈'에 빠져 있었던 '율법의 선생'을 경계하고 있습니다.

주제성구

"내가 마게도냐로 갈 때에 너를 권하여 에베소에 머물라 한 것은 어떤 사람들을 명하여 다른 교훈을 가르치지 말며 신화와 끝없는 족보에 몰두하지 말게 하려 함이라 이런 것은 믿음 안에 있는 하나님의 경륜을 이룸보다 도리어 변론을 내는 것이라"(1:3-4).

본문 관찰 질문

1. 인사말(1:1-2)

1장 1절부터 2절까지는 바울이 디모데에게 편지를 쓰며 문안인사를 하는 장면입니다. 디모데를 향한 사랑의 마음과 축복의 말씀으로 이루어져 있습니다.

가. 바울이 자신을 무엇으로 소개하고 있습니까? (1:1)

나. 바울은 디모데와의 관계를 어떻게 표현하고 있습니까? (1:2)

다. 디모데를 향한 축복의 말씀은 무엇입니까?

"하나님 아버지와 그리스도 예수 우리 주께로부터 (   ) 와 (   )과 (   )이 네게 있을지어다"(1:2).

은혜와 긍휼과 평강

바울은 그의 서신을 시작할 때 수신자들을 향하여 늘 축복의 말씀을 선포합니다. 로마서부터 빌레몬서에 이르기까지 13권의 바울 서신에서 공통된 인사말은 '은혜와 평강'입니다. 그런데 오직 디모데전서와 디모데후서에서만 한 가지 표현이 추가됩니다. 바로 '긍휼'입니다. 디모데를 향한 바울의 특별한 마음과 애틋한 감정을 느낄 수 있는 표현입니다.

2. 교훈의 목적(1:3-7)

바울은 디모데에게 중요한 사명을 맡깁니다. 디모데로 하여금 그가 에베소에 머물면서 어떤 사람들을 명하여 다른 교훈을 가르치지 말도록 하는 것이었습니다. 바울은 잘못된 지식과 가르침이 왜 잘못된 것인지, 그리고 하나님의 진정한 뜻이 무엇인지를 디모데에게 강조하고 있습니다.

가. 바울이 디모데에게 머물라고 요청한 장소는 어디입니까? (1:3)

나. 바울이 디모데에게 부탁한 사명은 무엇입니까?

"…어떤 사람들을 명하여 ( )을 가르치지 말며 ( )와 끝없는 ( )에 몰두하지 말게 하려 함이라…"(1:3-4).

다. 당시 잘못된 지식과 가르침은 어떤 결과를 초래했습니까? (1:4)

라. 바울이 이러한 명령(교훈)을 디모데에게 하는 이유와 목적은 무엇입니까?

"이 교훈의 목적은 ( )과 ( )과 ( )에서 나오는 ( )이거늘"(1:5).

다른 교훈

당시 초대교회에 존재했던 이단이나 거짓 교사들은 복음에서 벗어난 다른 가르침들을 전하는 경우가 많았습니다. 또한 초대교회 성도들은 당시 유행하고 있던 여러 허탄한 신화와 영지주의의 영향을 받기도 하였습니다. 그뿐만 아니라 선민사상에 물들어 있던 유대인들은 자신들의 혈통적 우위를 자랑하며 족보에 탐닉하기도 하였습니다.

마. 청결한 마음과 선한 양심, 거짓 없는 믿음과 사랑에서 벗어날 때 어디에 빠지기 쉽습니까? (1:6)

바. 율법의 선생을 자처하는 자들이 지니고 있었던 모순된 모습은 무엇입니까? (1:7)

3. 율법이 세워진 이유(1:8-11)

율법 자체가 나쁜 것이 아닙니다. 그러나 그것을 악용하거나 선한 의도로 적용하지 못할 때 율법은 왜곡됩니다. 바리새인들이나 유대인들이 예수님으로부터 책망을 받았던 이유는 자신들도 율법 아래 있는 죄인임을 인식하지 못하고, 마치 스스로 '옳은 사람'인 것처럼 생각하였기 때문입니다. 또한 율법을 잘 지킨다고 자부하면서 타인을 정죄하며 스스로는 선하다는 그릇된 비교 우월의식을 지니고 있었기 때문입니다.

가. 율법은 어떠할 때 선한 것이 됩니까? (1:8)

나. 율법은 어떤 사람들을 위해 세워졌습니까? (1:9-10)

율법의 기능

전통적으로 교회의 역사는 율법의 삼중적 기능을 강조하였습니다. 즉, 악을 제어하는 기능, 죄를 깨닫게 하는 교육적 기능, 신자들의 품행을 지도하는 규범적 기능입니다.

다. 바울은 하나님께서 자신에게 맡기신 교훈을 따라가겠다고 결단합니다. 바울은 그 교훈을 무엇으로 표현하고 있습니까? (1:11)

심화 및 적용 질문(나눔)

1. 나에게도 사랑과 긍휼의 마음으로 아끼는 디모데와 같은 사람이 있습니까? 믿음 안에서 아들이라고 여길 만큼 기도하며 중보하고 있는 나의 '디모데'는 누구입니까?

2. 나에게 율법은 어떤 의미를 지닙니까? 다른 사람을 정죄하며 판단하는 '율법의 선생'의 모습이 있지는 않습니까?

3. 하나님의 말씀과 교훈보다 내가 더 집중하고 있는 '다른 교훈'은 무엇입니까? 그것은 나의 삶에 어떤 영향을 주었습니까?

4. 바울에게 복음은 '하나님의 영광의 복음'이었습니다. 나에게 복음은 무엇입니까? 나의 고백으로 복음을 정의해 보세요. 예) '나에게 생명을 준 복음', '나의 평생의 사명 - 복음'

기도

1. 디모데전서를 공부하는 과정에 하나님께서 지혜를 주셔서 올바르게 깨닫게 하옵소서.

2. **감사기도**

   지금까지 나의 삶을 인도하신 하나님께 감사기도를 올립니다.

3. **함께 공부하는 그룹을 위한 기도**

   끝까지 말씀 안에서 교제하며 기도하는 모임이 되게 하옵소서.

2과

바울의 고백(1:12-20)

12나를 능하게 하신 그리스도 예수 우리 주께 내가 감사함은 나를 충성되이 여겨
내게 직분을 맡기심이니 13내가 전에는 비방자요 박해자요 폭행자였으나 도리어
긍휼을 입은 것은 내가 믿지 아니할 때에 알지 못하고 행하였음이라 14우리 주
의 은혜가 그리스도 예수 안에 있는 믿음과 사랑과 함께 넘치도록 풍성하였도다
15미쁘다 모든 사람이 받을 만한 이 말이여 그리스도 예수께서 죄인을 구원하시
려고 세상에 임하셨다 하였도다 죄인 중에 내가 괴수니라 16그러나 내가 긍휼을
입은 까닭은 예수 그리스도께서 내게 먼저 일체 오래 참으심을 보이사 후에 주
를 믿어 영생 얻는 자들에게 본이 되게 하려 하심이라 17영원하신 왕 곧 썩지 아
니하고 보이지 아니하고 홀로 하나이신 하나님께 존귀와 영광이 영원무궁하도
록 있을지어다 아멘 18아들 디모데야 내가 네게 이 교훈으로써 명하노니 전에 너
를 지도한 예언을 따라 그것으로 선한 싸움을 싸우며 19믿음과 착한 양심을 가지
라 어떤 이들은 이 양심을 버렸고 그 믿음에 관하여는 파선하였느니라 20그 가운
데 후메내오와 알렉산더가 있으니 내가 사탄에게 내준 것은 그들로 훈계를 받아
신성을 모독하지 못하게 하려 함이라

시작 찬송 - 305장 "나 같은 죄인 살리신"

개요

바울은 자신의 과거의 삶을 회상합니다. 예수님을 만나기 이전의 자신의 모습을 고백하면서 하나님의 은혜와 긍휼로 인하여 변화될 수 있었음을 간증합니다. 죄인 중에 괴수와도 같았던 자신이 변화된 것처럼 예수님께서는 죄인들을 위해 오셨음을 설명하며 하나님의 위대함을 찬양합니다. 1장의 마지막 부분에서는 디모데에게 선한 싸움을 지속적으로 해나갈 것을 당부하며, 믿음과 양심을 버린 몇몇 사람을 언급하기도 합니다.

주제성구

"미쁘다 모든 사람이 받을 만한 이 말이여 그리스도 예수께서 죄인을 구원하시려고 세상에 임하셨다 하였도다 죄인 중에 내가 괴수니라"(1:15).

본문 관찰 질문

1. 회심 이전의 바울의 모습(1:12-13)

바울은 예수님을 만나기 이전 자신의 모습을 고백합니다. 그러나 오히려 긍휼을 베풀어 주시고 직분까지 맡겨 주신 예수 그리스도를 찬양합니다.

가. 바울이 예수 그리스도께 감사하는 이유는 무엇입니까? (1:12)

나. 바울이 예수님을 만나기 이전의 모습은 어떠하였습니까?

"내가 전에는 (   )요 (   )요
(   )였으나…"(1:13).

다. 위와 같이 죄인 된 모습으로 살았던 바울이 긍휼을 입은 이유는 무엇입니까? (1:13)

비방자, 박해자, 폭행자

비방자(blasphemer): 훼방을 놓는 사람, 이름을 모욕하는 사람
박해자(persecutor): 핍박하는 사람, 마치 사냥감을 노리며 추격하는 사냥꾼과 같은 사람
폭행자(violent aggressor): 무례하게 행동하며 난폭하고 경멸히 행하는 사람

바울은 자신의 이전의 삶을 강한 단어를 사용해가며 회상합니다. 그만큼 용서받지 못할 죄인과 같은 자신이었지만 하나님의 긍휼로 직분을 담당하는 자가 되었다고 고백하고 있습니다.

2. 하나님의 은혜를 찬양하다(1:14-17)

바울은 자신의 삶에 하나님께서 큰 은혜를 베풀어 주셨음을 고백합니다. 죄인 중에 괴수와도 같았던 자신이 은혜를 입었던 것처럼 예수님은 모든 죄인을 구원하기 위해 오셨습니다. 바울은 이와 같이

우리의 영원한 왕 되신 하나님께 찬양을 올려드립니다.

가. 우리가 그리스도 안에서 믿음과 사랑을 누릴 수 있는 이유는 무엇 때문입니까? (1:14)

나. 바울은 자신의 과거의 모습을 무엇으로 표현하고 있습니까? (1:15)

다. 바울은 자신이 변하여 새사람이 된 이유를 무엇이라고 설명하고 있습니까? (1:16)

라. 바울이 하나님께 올려드린 찬양의 고백을 적어봅시다.

"(   ) 왕 곧 (   ) 아니하고
(   ) 아니하고 홀로 (   ) 하나님께
존귀와 영광이 영원무궁하도록 있을지어다 아멘"(1:17).

은혜와 긍휼

바울의 회심에서 그가 고백하는 가장 큰 개념은 **은혜**와 **긍휼**입니다. 14절은 다음과 같이 번역할 수 있습니다. "주님께서는 나에게 넘치는 **은혜**를 부어 주셨습니다."
또한 바울은 13절에 이어 16절에서도 "내가 **긍휼**을 입은 까닭은"이라고 말하며 하나님의 **긍휼**을 거듭 고백합니다.
이처럼 **은혜**와 **긍휼**은 바울의 삶에서 빼놓을 수 없는 것이었습니다.

3. 선한 싸움을 싸울 것을 디모데에게 명하다(1:18-20)

바울은 자신의 간증을 바탕으로 디모데에게 영적인 권면을 합니다. 믿음과 착한 양심을 가져야 하며 선한 싸움을 싸울 것을 강조합니다. 특히 당시 양심을 버리고 파선한 인물들을 지칭하며 경고합니다.

가. 바울은 자신의 삶의 간증뿐만 아니라, 이미 이전에 디모데에게 주었던 교훈과 예언의 말씀이 있었습니다. 이 모든 것을 바탕으로 디모데에게 당부하는 내용은 무엇입니까? (1:18)

나. 특별히 갖추어야 할 덕목으로 강조하는 것은 각각 무엇입니까?

"(   )과 착한 (   )을 가지라 어떤 이들은 이 (   )을 버렸고 그 (   )에 관하여는 파선하였느니라"(1:19).

다. 양심을 버리고 믿음이 파선한 인물로 언급된 사람들은 각각 누구입니까? (1:20)

라. 두 사람이 언급된 디모데후서의 다른 본문을 찾아봅시다. (딤후 2:17, 4:14-15)

심화 및 적용 질문(나눔)

1. 예수님을 인격적으로 만나기 이전의 나의 모습은 어떠하였습니까? 그리고 예수님을 만난 이후 무엇이 변화되었습니까?

2. 내가 하나님의 자녀가 되고 더 나아가 사명과 직분을 감당하는 것은 영적으로 어떤 의미가 있습니까?

3. 내가 하나님의 은혜와 긍휼을 입었다는 믿음이 있습니까? 그렇게 고백할 수 있는 이유는 무엇입니까?

4. 나의 신앙의 여정을 돌아봅시다. 나는 선한 싸움을 잘 이길 수 있는 '믿음'과 '양심'을 갖추고 있습니까? 후메내오와 알렉산더처럼 그것들을 버리지는 않았습니까?

기도

1. 하나님의 은혜와 긍휼에 늘 감사하게 하소서.

2. 우리의 자녀들이 신앙 안에서 자라며 생활하게 하옵소서.

3. **그룹을 위한 기도**

   그룹 내에 있는 환우들을 위한 기도

3과

기도에 대한 가르침, 공동체에서의 남녀(2:1-15)

1그러므로 내가 첫째로 권하노니 모든 사람을 위하여 간구와 기도와 도고와 감
사를 하되 2임금들과 높은 지위에 있는 모든 사람을 위하여 하라 이는 우리가
모든 경건과 단정함으로 고요하고 평안한 생활을 하려 함이라 3이것이 우리 구
주 하나님 앞에 선하고 받으실 만한 것이니 4하나님은 모든 사람이 구원을 받으
며 진리를 아는 데에 이르기를 원하시느니라 5하나님은 한 분이시요 또 하나님
과 사람 사이에 중보자도 한 분이시니 곧 사람이신 그리스도 예수라 6그가 모든
사람을 위하여 자기를 대속물로 주셨으니 기약이 이르러 주신 증거니라 7이를
위하여 내가 전파하는 자와 사도로 세움을 입은 것은 참말이요 거짓말이 아니
니 믿음과 진리 안에서 내가 이방인의 스승이 되었노라 8그러므로 각처에서 남
자들이 분노와 다툼이 없이 거룩한 손을 들어 기도하기를 원하노라 9또 이와 같
이 여자들도 단정하게 옷을 입으며 소박함과 정절로써 자기를 단장하고 땋은 머
리와 금이나 진주나 값진 옷으로 하지 말고 10오직 선행으로 하기를 원하노라 이
것이 하나님을 경외한다 하는 자들에게 마땅한 것이니라 11여자는 일체 순종함
으로 조용히 배우라 12여자가 가르치는 것과 남자를 주관하는 것을 허락하지 아
니하노니 오직 조용할지니라 13이는 아담이 먼저 지음을 받고 하와가 그 후며
14아담이 속은 것이 아니고 여자가 속아 죄에 빠졌음이라 15그러나 여자들이 만
일 정숙함으로써 믿음과 사랑과 거룩함에 거하면 그의 해산함으로 구원을 얻으
리라

시작 찬송 - 364장 "내 기도하는 그 시간"

개요

2장은 기도에 대한 가르침을 다루고 있습니다. 예수님을 만난 사람이 첫째로 해야 하는 일은 기도의 자리로 나아가는 것입니다. 우리가 기도할 때 예수님께서는 중보자가 되시어 우리의 기도에 함께 하십니다. 또한 당시 공동체 내에서 남녀에게 요청되는 덕목들을 설명합니다.

주제성구

"그러므로 내가 첫째로 권하노니 모든 사람을 위하여 간구와 기도와 도고와 감사를 하되"(2:1).

본문 관찰 질문

1. 모든 사람을 위하여(2:1-4)

바울은 기도의 중요성을 강조합니다. 특히 우리의 기도는 '모든 사람'을 위한 것이어야 하며, 이는 하나님이 '모든 사람'의 구원에 관심이 있기 때문이라고 역설합니다. 이처럼 우리는 그리스도인들의 영적 관심의 대상이 넓어야 함을 알 수 있습니다.

가. 바울이 권면하는 첫 번째 메시지는 무엇입니까? (2:1)

나. 우리의 기도의 대상은 어디까지 나아가야 합니까? 그리고 그 이유는 무엇입니까? (2:2)

다. 이처럼 모든 사람을 위하여 간구할 때 하나님께서는 이런 우리의 모습을 어떻게 바라보십니까? (2:3)

라. 하나님의 뜻은 무엇입니까? 그리고 그 뜻이 이뤄지길 바라는 대상의 범위는 어디까지입니까? (2:4)

간구와 기도와 도고와 감사

간구: 무엇인가 간절히 원하는 것에 대해 하나님께 호소하는 것
기도: 일반적으로 하나님께 고백하는 모든 형태의 기도들
도고: 다른 사람을 위한 중보기도
감사: 하나님의 은혜를 생각하며 올려드리는 감사기도

2. 중보자이신 예수, 사도로 세움 받은 바울(2:5-7)

가. 바울은 한 분이신 하나님을 고백하며 예수님을 설명하고 있습니다. 바울이 소개한 예수님은 어떤 분입니까? (2:5)

나. 예수님께서 자기를 대속물로 내어주신 것은 누구를 위함이었습니까? (2:6)

다. 바울은 자신이 받은 사명을 각각 무엇으로 표현하고 있습니까?

"이를 위하여 내가 (   )와 (   )로 세움을 입은 것은 참말이요 거짓말이 아니니 믿음과 진리 안에서 내가 (   )이 되었노라"(2:7).

3. 공동체에서의 남녀(2:8-15)

바울은 당시 공동체에서의 남녀의 역할을 소개합니다. 이 본문은 당시의 시대적 상황과 문화적 정황을 고려하여 이해하는 것이 필요합니다. 바울이 강조한 각 덕목들을 통해 한 그리스도인으로, 한 예배자로 나의 모습은 어떠해야 할지를 살펴봅시다.

가. 바울이 공동체의 각 구성원들에게 요구한 것은 무엇이었습니까?

8절	
9절	
10절	
11절	일체 순종함으로 조용히 배우라
15절	

나. 위의 표를 통해 알 수 있는 당시 공동체의 문제점은 무엇이었을지 생각해 봅시다. (2:8–15)

심화 및 적용 질문(나눔)

1. 우리의 기도의 지경은 어디까지입니까? 내가 좀 더 기도해야 할 것들을 적어 봅시다.

2. 복음을 경험한 후 갖게 된 나의 사명은 무엇입니까? 나는 복음을 위해 어떤 삶을 살아가고 있습니까?

3. 공동체 안에서 내가 갖추어야 할 덕목은 무엇입니까?

4. 공동체 안에서 내가 버려야 할 모습은 무엇입니까?

기도

1. 나만을 위한 기도에서 벗어나 중보기도자의 삶을 살아가게 하옵소서.

2. 하나님 앞에서 늘 겸손하게 하여 주옵소서. 항상 하나님을 인정하며 살아가게 하옵소서.

3. **그룹을 위한 기도**
   여러 가지 어려움으로 인해 믿음이 약해진 교우를 위한 기도

4과

감독과 집사의 직분(3:1-13)

1미쁘다 이 말이여, 곧 사람이 감독의 직분을 얻으려 함은 선한 일을 사모하는
것이라 함이로다 2그러므로 감독은 책망할 것이 없으며 한 아내의 남편이 되며
절제하며 신중하며 단정하며 나그네를 대접하며 가르치기를 잘하며 3술을 즐기
지 아니하며 구타하지 아니하며 오직 관용하며 다투지 아니하며 돈을 사랑하지
아니하며 4자기 집을 잘 다스려 자녀들로 모든 공손함으로 복종하게 하는 자라
야 할지며 5(사람이 자기 집을 다스릴 줄 알지 못하면 어찌 하나님의 교회를 돌
보리요) 6새로 입교한 자도 말지니 교만하여져서 마귀를 정죄하는 그 정죄에 빠
질까 함이요 7또한 외인에게서도 선한 증거를 얻은 자라야 할지니 비방과 마귀
의 올무에 빠질까 염려하라 8이와 같이 집사들도 정중하고 일구이언을 하지 아
니하고 술에 인박히지 아니하고 더러운 이를 탐하지 아니하고 9깨끗한 양심에
믿음의 비밀을 가진 자라야 할지니 10이에 이 사람들을 먼저 시험하여 보고 그
후에 책망할 것이 없으면 집사의 직분을 맡게 할 것이요 11여자들도 이와 같이
정숙하고 모함하지 아니하며 절제하며 모든 일에 충성된 자라야 할지니라 12집
사들은 한 아내의 남편이 되어 자녀와 자기 집을 잘 다스리는 자일지니 13집사의
직분을 잘한 자들은 아름다운 지위와 그리스도 예수 안에 있는 믿음에 큰 담력
을 얻느니라

시작 찬송 - 330장 "어둔 밤 쉬 되리니"

개요

공동체의 주요 직분이었던 감독과 집사의 역할을 설명합니다. 이를 통해 직분을 가진 자들에게 어떤 자격과 덕목이 요청되었는지를 알 수 있습니다. 더 나아가 오늘 우리들에게 주는 영적인 의미를 생각해 보도록 합니다.

주제성구

"미쁘다 이 말이여, 곧 사람이 감독의 직분을 얻으려 함은 선한 일을 사모하는 것이라 함이로다"(3:1).

본문 관찰 질문

1. 감독의 자격(3:1-7)

바울은 감독이 갖추어야 할 자격을 소개합니다. 감독은 여러 면에서 성도들에게 본이 되어야 했고, 가정에서도 존경을 받으며, 도덕적으로도 엄격한 기준이 요구되었습니다. 그만큼 직분자들의 역할이 중요했음을 알 수 있습니다.

가. 감독이 되고자 하는 사람은 어떤 마음가짐이 있어야 합니까? (3:1)

나. 감독은 어떤 자격을 갖추어야 했습니까?

"그러므로 감독은 ( )이 없으며 한 아내의 남편이 되며 ( )하며 ( )하며 ( )하며 나그네를 ( )하며 ( )를 잘하며 ( )을 즐기지 아니하며 ( )하지 아니하며 오직 ( )하며 ( ) 아니하며 ( )을 사랑하지 아니하며"(3:2-3).

다. 감독은 또한 가정 안에서도 존경받아야 했습니다. 빈칸을 채워 봅시다.

"자기 ( )을 잘 다스려 ( )들로 모든 공손함으로 복종하게 하는 자라야 할지며"(3:4).

라. 바울은 가정과 교회의 연관성을 어떻게 표현하고 있습니까? (3:5)

마. 감독으로 세워지지 못하는 사람은 누구였습니까? (3:6)

바. 감독은 공동체 안의 사람들뿐만 아니라 공동체 밖의 사람들에게도 영향력이 있어야 했습니다. 그 이유는 무엇입니까? (3:7)

새로 입교한 자, 외인

새로 입교한 자는 신앙을 받아들인 지 얼마 안 된 사람들을 의미하였습니다. 이처럼 회심한 지 얼마 되지 않은 이들이 곧바로 직분자가 될 수 없었던 것은, 아직 영적으로 성숙해질 시간이 필요했기 때문입니다. 특히 바울은 '교만'과 연관시키며 이들이 곧바로 직분자가 될 경우 영적으로 자만해질 것을 염려하였습니다. 이처럼 공동체와 새로 입교한 자 모두를 위해 직분자의 자격을 엄격히 해두었던 것입니다.

외인은 당시 공동체 바깥의 사람들, 즉 신앙을 갖지 않았던 사람들을 의미합니다. 감독은 이들에게서도 '선한 증거'를 얻은 자가 되어야 했습니다. 공동체 안에서든 바깥에서든 일관된 삶의 모습을 갖춘 자가 직분자로서 타당하다고 보았기 때문입니다.

2. 집사의 자격(3:8-13)

감독에 이어 집사의 자격을 설명하고 있습니다. 감독의 자격과 중복되는 것이 있고 부가적으로 요청하는 것들도 있습니다.

가. 집사들이 갖추어야 할 자격은 어떤 것들이었습니까?

"이와 같이 집사들도 (   )하고 (   )을 하지 아니하고 (   )에 인박히지 아니하고 (   )를 탐하지 아니하고 (   )에 (   )을 가진 자라야 할지니"(3:8-9).

"정중하다", "인박히다", "더러운 이"의 자세한 의미

정중하다: 신중하고 단정하다
인박히다: 탐닉하고 빠져든다
더러운 이: 부정한 이득

나. 집사의 직분은 바로 맡겨지지 않았습니다. 어떤 과정을 거쳐야 했습니까? (3:10)

다. 여자 집사들에게 요구된 덕목은 무엇입니까? (3:11)

라. 집사들은 가정을 잘 다스리는 자여야 했습니다(3:12). 이는 감독의 직분에서도 이미 나왔던 부분입니다. 감독과 집사에게 공통적으로 요구되는 덕목은 각각 무엇입니까?

마. 직분을 잘 감당한 자에게 임하는 복은 무엇입니까?

"집사의 직분을 잘한 자들은 ( )와 그리스도 예수 안에 있는 ( )에 큰 ( )을 얻느니라"(3:13).

심화 및 적용 질문(나눔)

1. 직분을 맡은 자로서 내가 갖추어야 할 덕목은 무엇입니까? 직분자로서 나의 마음의 결단을 새롭게 해봅시다.

2. 모범적인 직분자를 만나 행복했던 기억이 있습니까? 주위에 소개하고 싶은 본이 되는 직분자를 나누어 봅시다.

3. 직분자가 가정을 잘 다스려야 함은 우리에게 어떤 의미를 주고 있습니까?

4. 내가 처음 직분 받았을 때의 초심과 현재 나의 모습을 돌아봅시다. 무언가 달라진 모습이 있습니까? 그렇다면 그 이유는 무엇이라고 생각합니까?

기도

1. 하나님 안에서 바람직한 직분자의 삶을 살아가게 하소서.

2. 가정을 위한 기도

가정을 잘 다스리고 자녀들에게 존경을 받으며 주위에 본이 되는 가정이 되게 하소서.

3. 그룹을 위한 기도

경제적인 어려움을 당한 교우들을 위한 기도

5과

경건의 비밀,
거짓말하는 자들(3:14-4:5)

14내가 속히 네게 가기를 바라나 이것을 네게 쓰는 것은 15만일 내가 지체하면
너로 하여금 하나님의 집에서 어떻게 행하여야 할지를 알게 하려 함이니 이 집
은 살아 계신 하나님의 교회요 진리의 기둥과 터니라 16크도다 경건의 비밀이여,
그렇지 않다 하는 이 없도다 그는 육신으로 나타난 바 되시고 영으로 의롭다 하
심을 받으시고 천사들에게 보이시고 만국에서 전파되시고 세상에서 믿은 바 되
시고 영광 가운데서 올려지셨느니라 1그러나 성령이 밝히 말씀하시기를 후일에
어떤 사람들이 믿음에서 떠나 미혹하는 영과 귀신의 가르침을 따르리라 하셨으
니 2자기 양심이 화인을 맞아서 외식함으로 거짓말하는 자들이라 3혼인을 금하
고 어떤 음식물은 먹지 말라고 할 터이나 음식물은 하나님이 지으신 바니 믿는
자들과 진리를 아는 자들이 감사함으로 받을 것이니라 4하나님께서 지으신 모든
것이 선하매 감사함으로 받으면 버릴 것이 없나니 5하나님의 말씀과 기도로 거
룩하여짐이라

시작 찬송 - 288장 "예수를 나의 구주 삼고"

개요

바울은 본 서신을 쓰게 된 이유를 밝히고 있습니다. 에베소에 있는 디모데에게 속히 가기를 원했지만 지체할 수 있었기에, 디모데로 하여금 하나님의 집(교회)에서 어떻게 행해야 할지를 알려주기를 원했던 것입니다. 바울은 교회의 본질과 경건의 비밀을 선포합니다. 더 나아가 거짓말하는 자들을 경계할 것을 당부합니다.

주제성구

"크도다 경건의 비밀이여, 그렇지 않다 하는 이 없도다 그는 육신으로 나타난 바 되시고 영으로 의롭다 하심을 받으시고 천사들에게 보이시고 만국에서 전파되시고 세상에서 믿은 바 되시고 영광 가운데서 올려지셨느니라"(3:16).

본문 관찰 질문

1. 경건의 비밀(3:14-16)

바울은 편지를 쓴 목적을 밝히고 있습니다. 바울은 디모데가 교회의 본질과 경건의 비밀을 알기 원했습니다.

가. 바울이 이 편지를 쓰게 된 이유와 목적은 무엇입니까? (3:14-15)

나. 바울은 교회, 즉 하나님의 집을 각각 어떻게 표현하고 있습니까?

"만일 내가 지체하면 너로 하여금 (　　　　　　)에서 어떻게 행하여야 할지를 알게 하려 함이니 이 집은 살아 계신 (　　　　　　)요 (　　　　)의 (　　　　)과 (　　　　)니라"(3:15).

다. 교회의 본질을 소개한 바울은 곧이어 경건의 비밀을 선포합니다. 복음의 핵심인 예수 그리스도를 어떻게 찬양했는지 빈칸을 채워봅시다.

"크도다 경건의 비밀이여, 그렇지 않다 하는 이 없도다! 그는 (　　　　)으로 나타난 바 되시고 (　　　　)으로 의롭다 하심을 받으시고 (　　　　)에게 보이시고 (　　　　)에서 전파되시고 (　　　　)에서 믿은 바 되시고 (　　　　) 가운데서 올려지셨느니라"(3:16).

2. 거짓말하는 자들(4:1-5)

바울은 성령의 음성을 통해 미혹하는 영에 이끌려 거짓말하는 자들이 있을 것을 알게 되었습니다. 이들의 외식적인 모습을 지적하며 이들이 잘못 가르치고 있는 내용들을 디모데에게 알려주고 있습니다.

가. 바울이 성령을 통해 알게 된 것, 즉 일부 사람들이 따르게 되는 모습은 어떤 것이었습니까? (4:1)

나. 미혹하는 영과 귀신의 가르침을 따르는 이들은 곧 어떤 사람과 같습니까?

"자기 ( )이 화인을 맞아서 ( )으로 ( ) 하는 자들이라"(4:2).

다. 이들이 잘못 전하고 있었던 사상은 무엇이었습니까? (4:3)

거짓말하는 자들

당시 초대교회에 위협이 되었던 영지주의자들은 지나친 금욕주의 사상으로 성도들을 혼란에 빠뜨렸습니다. 그중 일부는 결혼도 금지시키고 음식물에 있어서도 극단적인 주장을 하였습니다. 바울은 이들의 사상이 모든 것을 아름답게 지으신 하나님의 창조 섭리와 어긋나며, 이러한 거짓 사상에 미혹되지 말 것을 당부하고 있습니다.

라. 음식물에 대해 그리스도인들이 지녀야 할 태도는 무엇입니까? (4:3)

마. 하나님이 지으신 것들에 대해 우리는 어떤 마음가짐을 가져야 합니까?

"하나님께서 지으신 (   )이 선하매 (   )
으로 받으면 버릴 것이 없나니"(4:4).

바. 우리의 거룩은 종교 행위나 다른 어떤 것으로 이루어지지 않습니다. 경건의 비결로 소개된 두 가지는 각각 무엇입니까? (4:5)

심화 및 적용 질문(나눔)

1. 나에게 교회는 어떤 곳입니까? 교회를 향한 애정을 고백했던 바울을 통해 나의 교회에 대한 사랑을 생각해 봅시다.

2. 나는 성령의 음성에 따라 움직이는 사람입니까? 열악하고 분주한 삶 속에서도 성령에 귀 기울이며 살며 성령에 민감하게 반응했던 바울의 모습을 생각해 봅시다. 나는 성령님의 음성에 집중하며 살아가고 있습니까?

3. 당시의 거짓말하는 자들이나 오늘날의 이단들의 공통점은 무엇이라고 생각합니까? 그들이 놓치고 있는 중요한 진리는 무엇입니까?

4. 나는 말씀과 기도로 경건의 삶을 추구하고 있습니까? 나의 삶에 있어서 말씀과 기도는 얼마만큼의 비중을 차지하고 있습니까?

기도

1. 나의 교회를 사랑하고 경건의 삶을 구하게 하소서.

2. 이단에 빠진 주위 사람들을 긍휼히 여겨 주소서. 악한 가르침으로 미혹케 하는 이들에게 넘어가지 않을 신앙의 힘을 더하여 주소서.

3. **가정을 위한 기도**

   우리의 가정이 작은 천국이 되게 하옵소서.

6과

그리스도 예수의 좋은 일꾼(4:6-16)

6네가 이것으로 형제를 깨우치면 그리스도 예수의 좋은 일꾼이 되어 믿음의 말
씀과 네가 따르는 좋은 교훈으로 양육을 받으리라 7망령되고 허탄한 신화를 버
리고 경건에 이르도록 네 자신을 연단하라 8육체의 연단은 약간의 유익이 있으
나 경건은 범사에 유익하니 금생과 내생에 약속이 있느니라 9미쁘다 이 말이여
모든 사람들이 받을 만하도다 10이를 위하여 우리가 수고하고 힘쓰는 것은 우
리 소망을 살아 계신 하나님께 둠이니 곧 모든 사람 특히 믿는 자들의 구주시라
11너는 이것들을 명하고 가르치라 12누구든지 네 연소함을 업신여기지 못하게 하
고 오직 말과 행실과 사랑과 믿음과 정절에 있어서 믿는 자에게 본이 되어 13내
가 이를 때까지 읽는 것과 권하는 것과 가르치는 것에 전념하라 14네 속에 있는
은사 곧 장로의 회에서 안수 받을 때에 예언을 통하여 받은 것을 가볍게 여기지
말며 15이 모든 일에 전심전력하여 너의 성숙함을 모든 사람에게 나타나게 하라
16네가 네 자신과 가르침을 살펴 이 일을 계속하라 이것을 행함으로 네 자신과
네게 듣는 자를 구원하리라

시작 찬송 - 211장 "값비싼 향유를 주께 드린"

개요

말씀과 기도로 거룩하여질 것을 가르친 바울은 이러한 가르침으로 형제들을 깨우칠 것을 디모데에게 권면합니다. 경건에 이르기 위해서는 부단한 연단이 있어야 합니다. 바울은 경건을 일컬어 우리에게 범사에 유익한 것으로, 또한 약속과 소망이 있는 것으로 소개합니다. 그리고 이것을 지속적으로 명하고 가르칠 것을 거듭 강조하고 있습니다. 또한 성숙함으로 연소함을 이겨낼 것을 당부합니다.

주제성구

"누구든지 네 연소함을 업신여기지 못하게 하고 오직 말과 행실과 사랑과 믿음과 정절에 있어서 믿는 자에게 본이 되어 내가 이를 때까지 읽는 것과 권하는 것과 가르치는 것에 전념하라"(4:12-13).

본문 관찰 질문

1. 네 자신을 연단하라(4:6-11)

바울은 앞서 전한 교훈의 말씀으로 형제들을 가르칠 것을 강조합니다. 이는 디모데 본인에게도 그리스도 예수의 좋은 일꾼이 되는 계기가 될 것입니다.

가. 믿는 형제들을 깨우칠 때 그것은 가르치는 자에게도 성장의 계기가 됩니다. 빈칸을 채워 봅시다.

"네가 이것으로 형제를 깨우치면 그리스도 예수의 좋은 (   )이 되어 (   )과 네가 따르는 좋은 (   )으로 양육을 받으리라"(4:6).

나. 경건에 이르기 위해서 버려야 할 것은 무엇입니까? 그리고 지속해야 할 것은 무엇입니까? (4:7)

다. 육체의 연단과 영적 경건은 모두 유익이 있다는 공통점이 있습니다. 그러나 그 유익에는 어떠한 차이점이 있습니까? (4:8)

라. 그리스도의 일꾼들이 수고하고 힘쓸 수 있는 것은 무엇 때문입니까? (4:10)

2. 성숙함을 나타나게 하라(4:12-16)

디모데는 당시 공동체 구성원들에 비해 상대적으로 젊었던 것으로 보입니다. 바울은 디모데에게 이러한 나이의 연소함이 약점이 되지 않도록 더욱 본이 되고 성숙한 삶을 살 것을 주문합니다.

가. 본이 되기 위해 노력해야 하는 삶의 영역은 각각 무엇입니까?

"누구든지 네 연소함을 업신여기지 못하게 하고 오직 (   )과 (   )과 (   )과 (   )과 (   )에 있어서 믿는 자에게 본이 되어"(4:12).

나. 바울이 도착하기 전까지 디모데에게 당부한 것은 무엇이었습니까?

"내가 이를 때까지 (   )과 (   )과 (   )에 전념하라"(4:13).

다. 디모데가 가볍게 여기지 말아야 할 것은 무엇입니까? (4:14)

라. 바울은 디모데의 사역에 있어서 집중력과 지속성을 강조합니다. 이를 드러내는 표현을 찾아봅시다. (4:15–16)

마. 이러한 사역을 통해 기대되는 결과는 무엇입니까? (4:16)

심화 및 적용 질문(나눔)

1. 모든 일에는 동기 부여가 필요합니다. 하나님의 일도 마찬가지입니다. 오늘 본문을 토대로 내가 하나님의 일을 해야 하는 이유, 할 수밖에 없는 이유를 적어 봅시다.

2. 경건에 이르기 위해 내가 버려야 할 것들은 무엇입니까? 그리고 연단받아야 할 부분은 어떤 것들이 있습니까?

3. 상대적으로 젊었던 디모데였지만 지도자의 역할을 잘 감당할 수 있었습니다. 내가 가진 약점이나 부족함 등으로 포기하거나 시도하지 않았던 것은 무엇이었습니까? 디모데를 통해 내가 얻을 수 있는 도전은 무엇입니까?

4. 내가 성령으로부터 받은 은사는 무엇이라고 생각합니까? 그 은사를 소홀히 여기지 않고 잘 활용하는 삶을 살아가고 있습니까?

기도

1. 하나님의 일을 기쁘게 감당하는 나의 삶이 되게 하소서.

2. 경건에 힘씀으로 주변에 본이 되며 성숙한 신앙인의 삶을 살아가게 하소서.

3. 우리 가운데 있는 모든 비성경적인 것들, 미신적인 것들을 다 물리칠 수 있도록.

7과

성도를 대하는 태도(5:1-16)

1늙은이를 꾸짖지 말고 권하되 아버지에게 하듯 하며 젊은이에게는 형제에게
하듯 하고 2늙은 여자에게는 어머니에게 하듯 하며 젊은 여자에게는 온전히 깨
끗함으로 자매에게 하듯 하라 3참 과부인 과부를 존대하라 4만일 어떤 과부에게
자녀나 손자들이 있거든 그들로 먼저 자기 집에서 효를 행하여 부모에게 보답하
기를 배우게 하라 이것이 하나님 앞에 받으실 만한 것이니라 5참 과부로서 외로
운 자는 하나님께 소망을 두어 주야로 항상 간구와 기도를 하거니와 6향락을 좋
아하는 자는 살았으나 죽었느니라 7네가 또한 이것을 명하여 그들로 책망 받을
것이 없게 하라 8누구든지 자기 친족 특히 자기 가족을 돌보지 아니하면 믿음을
배반한 자요 불신자보다 더 악한 자니라 9과부로 명부에 올릴 자는 나이가 육십
이 덜 되지 아니하고 한 남편의 아내였던 자로서 10선한 행실의 증거가 있어 혹
은 자녀를 양육하며 혹은 나그네를 대접하며 혹은 성도들의 발을 씻으며 혹은
환난 당한 자들을 구제하며 혹은 모든 선한 일을 행한 자라야 할 것이요 11젊은
과부는 올리지 말지니 이는 정욕으로 그리스도를 배반할 때에 시집가고자 함이
니 12처음 믿음을 저버렸으므로 정죄를 받느니라 13또 그들은 게으름을 익혀 집
집으로 돌아다니고 게으를 뿐 아니라 쓸데없는 말을 하며 일을 만들며 마땅히
아니할 말을 하나니 14그러므로 젊은이는 시집가서 아이를 낳고 집을 다스리고
대적에게 비방할 기회를 조금도 주지 말기를 원하노라 15이미 사탄에게 돌아간
자들도 있도다 16만일 믿는 여자에게 과부 친척이 있거든 자기가 도와주고 교회
가 짐지지 않게 하라 이는 참 과부를 도와주게 하려 함이라

시작 찬송 - 220장 "사랑하는 주님 앞에"

개요

공동체에는 다양한 구성원들이 있습니다. 디모데의 공동체에도 마찬가지였습니다. 바울은 남녀 각 연령층의 성도들을 대하는 태도를 권면합니다. 특히 참 과부를 잘 보살필 것을 당부합니다.

주제성구

"선한 행실의 증거가 있어 혹은 자녀를 양육하며 혹은 나그네를 대접하며 혹은 성도들의 발을 씻으며 혹은 환난 당한 자들을 구제하며 혹은 모든 선한 일을 행한 자라야 할 것이요"(5:10).

본문 관찰 질문

1. 남녀 각 연령층의 성도들을 대하는 태도(5:1-2)

바울은 공동체를 구성하고 있는 다양한 연령층의 성도들을 어떻게 대해야 할지를 먼저 이야기합니다. 성별과 연령에 따라 네 영역으로 나누어 설명하고 있습니다. 한 사람 한 사람의 상황을 고려하여 돌보아야 함을 발견할 수 있습니다.

가. 나이가 많은 남자 성도와 젊은 남자 성도를 대할 때 어떤 태도로 대해야 합니까? (5:1)

– 나이가 많은 남자 성도:

– 젊은 남자 성도:

나. 나이가 많은 여자 성도와 젊은 여자 성도를 대할 때 어떤 태도로 대해야 합니까? (5:2)

– 나이가 많은 여자 성도:

– 젊은 여자 성도:

다. 위의 권면을 통해 느끼는 것은 무엇입니까?

2. 참 과부(5:3-10)

바울은 참 과부를 언급합니다. 여기에서 참 과부란 단순히 남편의 부재 가운데 홀로 살아가는 여인을 의미하는 것에 그치지 않습니다. 외로운 상황 가운데에서도 하나님께 소망을 두어 주야로 간구와 기도로 나아가는 여인입니다. 또한 선한 행실로 나그네를 대접하고 환난 당한 자들을 구제하는 선한 행실의 증거가 있는 여인입니다. 성경은 이들을 존대할 것을 말씀합니다.

가. 참 과부로 명부에 올라갈 자들은 어떤 사람들이었습니까? (5:9-10)

– 나이: (   )이 덜 되지 아니한 자

– 한 (   )의 아내였던 자

– (   )의 증거가 있는 자

– 혹은 (   )를 양육하며

– 혹은 (   )를 대접하며

– 혹은 (   )의 발을 씻으며

– 혹은 (   ) 자들을 구제하며

– 혹은 모든 (   )을 행한 자

나. 참 과부는 누구에게 소망을 두며 살아갑니까? 그리고 무엇에 힘쓰는 자들입니까? (5:5)

다. 과부인 친척을 돌보지 않는 자들을 향하여 어떤 경고의 말씀이 선포되고 있습니까? (5:8)

3. 젊은 과부(5:11-16)

바울은 이번엔 경건하지 못했던 젊은 과부들을 언급합니다. 당시 시대적 배경에서 참 과부와는 달리 경건하지 못했던 젊은 과부들이 있었던 것으로 보입니다.

가. 당시 경건하지 못했던 젊은 과부들은 어떤 모습으로 살아갔습니까? (5:11–13)

– (   )으로 그리스도를 배반함

– 처음 (   )을 저버렸음

– (   )을 익혀 집집으로 돌아다님

– (   )을 하며 (   )을 만듦

– 마땅히 아니할 (   )을 함

나. 이들을 향한 바울의 권면은 무엇이었습니까? (5:14)

심화 및 적용 질문(나눔)

1. 교회 내에는 다양한 사람들이 존재합니다. 이들을 각각 지혜롭게 대하여 귀감이 되는 분, 그래서 본받고 싶은 분이 있다면 나누어 봅시다.

2. 나의 삶에도 선한 행실의 증거가 있습니까? 나는 주변 사람들로부터 어떤 선한 행실의 증거로 알려져 있습니까?

3. 내가 돌보아야 할 친척, 이웃, 교우들은 누가 있습니까? 지금 생각나는 사람은 누구입니까?

4. 성도들을 대하는 나의 태도를 돌아보며, 나의 장점과 부족한 점을 고백해 봅시다.

기도

1. 하나님, 선한 행실의 증거를 드러내며 살아가게 하옵소서.

2. 도움이 필요한 친척, 이웃, 교우들을 돌보며 살아가게 하옵소서.

3. **공동체를 위한 기도**
   우리나라가 하나님 아닌 다른 것들을 섬기는 것에서부터 벗어나게 하시고, 오직 하나님만 섬기는 순결한 하나님의 나라가 되게 하옵소서.

8과

장로와 종들에 대한 교훈(5:17-6:2)

17잘 다스리는 장로들은 배나 존경할 자로 알되 말씀과 가르침에 수고하는 이들
에게는 더욱 그리할 것이니라 18성경에 일렀으되 곡식을 밟아 떠는 소의 입에 망
을 씌우지 말라 하였고 또 일꾼이 그 삯을 받는 것은 마땅하다 하였느니라 19장
로에 대한 고발은 두세 증인이 없으면 받지 말 것이요 20범죄한 자들을 모든 사
람 앞에서 꾸짖어 나머지 사람들로 두려워하게 하라 21하나님과 그리스도 예수
와 택하심을 받은 천사들 앞에서 내가 엄히 명하노니 너는 편견이 없이 이것들
을 지켜 아무 일도 불공평하게 하지 말며 22아무에게나 경솔히 안수하지 말고 다
른 사람의 죄에 간섭하지 말며 네 자신을 지켜 정결하게 하라 23이제부터는 물
만 마시지 말고 네 위장과 자주 나는 병을 위하여는 포도주를 조금씩 쓰라 24어
떤 사람들의 죄는 밝히 드러나 먼저 심판에 나아가고 어떤 사람들의 죄는 그 뒤
를 따르나니 25이와 같이 선행도 밝히 드러나고 그렇지 아니한 것도 숨길 수 없
느니라 1무릇 멍에 아래에 있는 종들은 자기 상전들을 범사에 마땅히 공경할 자
로 알지니 이는 하나님의 이름과 교훈으로 비방을 받지 않게 하려 함이라 2믿는
상전이 있는 자들은 그 상전을 형제라고 가볍게 여기지 말고 더 잘 섬기게 하라
이는 유익을 받는 자들이 믿는 자요 사랑을 받는 자임이라 너는 이것들을 가르
치고 권하라

시작 찬송 - 323장 "부름 받아 나선 이 몸"

개요

3장에서 감독과 집사에 대한 교훈을 주었던 바울은 이번엔 장로에 대한 교훈을 주고 있습니다. 당시 장로는 교회의 지도자로서 공동체에서 말씀을 가르치고 지도하는 역할을 하였습니다. 이들에 대한 태도를 당부한 바울은 이어서 종들이 상전들에게 어떤 자세로 대해야 하는지에 대해서도 설명합니다.

주제성구

"하나님과 그리스도 예수와 택하심을 받은 천사들 앞에서 내가 엄히 명하노니 너는 편견이 없이 이것들을 지켜 아무 일도 불공평하게 하지 말며 아무에게나 경솔히 안수하지 말고 다른 사람의 죄에 간섭하지 말며 네 자신을 지켜 정결하게 하라"(5:21-22).

본문 관찰 질문

1. 장로들에 대한 교훈(5:17-25)

가. 장로들을 어떤 태도로 대하여야 합니까?

"잘 다스리는 장로들은 배나 ( )할 자로 알되

(   )과 (   )에 수고하는 이들에게는 더욱 그리할 것이니라"(5:17).

나. 장로들에 대한 존경은 물질적인 부분까지 포함하는 것이었습니다 (5:18). 이에 대한 근거로 바울이 인용한 구약의 말씀은 무엇입니까? 찾아서 적어 보세요.

"(   ) 떠는 소에게 (   )을 씌우지 말지니라"(신 25:4).

다. 장로들이 범죄하였을 때 어떤 절차로 진행되는지 적어 보세요. (5:19-20)

- 고발: (   ) 증인이 없으면 받지 말 것
- (   ) 앞에서 꾸짖어 나머지 사람들로 (   )하게 함

라. 범죄의 치리는 신중하면서도 공정하게 이루어져야 했습니다. 바울은 하나님과 예수님, 천사들까지 언급하며 신중함과 공정함을 강조합니다. 빈칸을 채워 보세요.

"(   )과 (   )와 택하심을 받은 (   ) 앞에서 내가 엄히 명하노니 너는 (   )이 없이 이것들을 시켜 아무 일도 (   )하게 하지 말며"(5:21).

마. 이처럼 지도자의 영향력이 컸기에 이들에 대한 안수도 가볍게 이뤄져서는 안 되었습니다. 바울은 안수와 관련하여 어떤 표현을 사용하고 있습니까? 그리고 이것은 직분자들의 임명과 관련하여 어떤 의미를 주고 있습니까?

"아무에게나 (　　　　　) 안수하지 말고"(5:22).

바. 바울은 불현듯 디모데에게 건강을 챙기라는 권면을 합니다. 어떤 조언을 하고 있습니까? (5:23)

사. 죄든 선행이든 언젠가는 밝히 드러나게 됩니다. 그러나 어떤 경우에는 일찍 드러나고, 또 어떤 경우에는 나중에 밝혀지기도 합니다 (5:24-25). 이것이 우리에게 주는 의미는 무엇입니까?

2. 종들에 대한 교훈(6:1-2)

바울은 장로들에 대한 교훈 이후 종들에 대한 교훈의 말씀을 합니다. 그리고 신앙이 있는 상전과 신앙이 없는 상전들에 대해 구분하고 있습니다.

가. 종들은 상전들을 대할 때 어떤 자세로 대해야 합니까?

"무릇 멍에 아래에 있는 종들은 자기 상전들을 범사에 마땅히 (　　　　　　)할 자로 알지니 이는 하나님의 이름과 교훈으로 (   )을 받지 않게 하려 함이라"(6:1).

나. 믿는 상전들을 대할 때에는 어떤 유의사항이 있었습니까? (6:2)

심화 및 적용 질문(나눔)

1. 나의 신앙의 여정에 영향력을 주었던 좋은 지도자는 누구였습니까? 그분을 존경하는 이유는 무엇입니까?

2. 편견이나 불공평으로 낭패를 본 적이 있습니까? 사람들을 대할 때 신중함이나 공정함이 필요함을 느꼈던 적은 언제였습니까?

3. 권위자들에 대한 나의 마음은 어떻습니까? 그리스도인으로서 바람직한 모습으로 그들을 대하고 있습니까?

4. 세상에서 비그리스도인들을 대하는 태도는 어떠해야 할까요? 오늘 본문을 근거로 나누어 봅시다.

기도

1. 내가 속한 공동체의 지도자들을 위해

2. **사회를 위한 기도**

   우리 가운데 공정함과 정직함이 회복되어 정직한 사회, 행복한 사회가 되게 하옵소서.

3. **그룹을 위한 기도**

   성경공부가 머리에서 그치지 않고, 우리의 삶 가운데 실천으로 이어지게 하옵소서.

9과

말씀과 경건에 관한 교훈(6:3-10)

3누구든지 다른 교훈을 하며 바른 말 곧 우리 주 예수 그리스도의 말씀과 경건에
관한 교훈을 따르지 아니하면 4그는 교만하여 아무것도 알지 못하고 변론과 언
쟁을 좋아하는 자니 이로써 투기와 분쟁과 비방과 악한 생각이 나며 5마음이 부
패하여지고 진리를 잃어버려 경건을 이익의 방도로 생각하는 자들의 다툼이 일
어나느니라 6그러나 자족하는 마음이 있으면 경건은 큰 이익이 되느니라 7우리
가 세상에 아무것도 가지고 온 것이 없으매 또한 아무것도 가지고 가지 못하리
니 8우리가 먹을 것과 입을 것이 있은즉 족한 줄로 알 것이니라 9부하려 하는 자
들은 시험과 올무와 여러 가지 어리석고 해로운 욕심에 떨어지나니 곧 사람으로
파멸과 멸망에 빠지게 하는 것이라 10돈을 사랑함이 일만 악의 뿌리가 되나니
이것을 탐내는 자들은 미혹을 받아 믿음에서 떠나 많은 근심으로써 자기를 찔렀
도다

시작 찬송 - 420장 "너 성결키 위해"

개요

바울은 지난 4장에서 언급했던 거짓 교사들을 다시 언급하며 이들을 경계할 것을 재차 강조합니다. 또한 경건에 가장 큰 걸림돌이 되는 것이 자족하지 않는 완악한 마음임을 지적하며, 돈을 사랑하는 것이 모든 악의 뿌리가 됨을 경고합니다.

주제성구

"돈을 사랑함이 일만 악의 뿌리가 되나니 이것을 탐내는 자들은 미혹을 받아 믿음에서 떠나 많은 근심으로써 자기를 찔렀도다"(6:10).

본문 관찰 질문

1. 다른 교훈을 말하는 자들(6:3-5)

가. 거짓 교사들은 다른 교훈을 전하며 경건을 따르지 않는 자들이었습니다(3절). 이들의 실상은 구체적으로 어떠하였습니까? (6:4-5)

- 그는 (   )하여 아무것도 알지 못하고
- (   )과 (   )을 좋아하는 자니
- (   )와 (   )과 (   )과 악한 (   )

이 나며

– 마음이 (   )하여지고

– (   )를 잃어버려

나. 이러한 거짓 교사들의 궁극적 목적은 무엇입니까? (6:5)

다. 오늘날에도 실상을 감춘 채 달콤한 말로 현혹하며 우리에게 다가오는 이단들이 있습니다. 이것을 이겨내고 분별하려면 어떻게 해야 할까요?

2. 자족하는 마음(6:6–8)

가. 바울은 자족하는 마음의 중요성을 말합니다. 자족하는 마음으로 살아갈 때 결국 무엇에 유익이 있습니까? (6:6)

나. 우리는 아무것도 가지고 온 것이 없으므로 아무것도 가지고 가지 못하는 존재라고 말씀합니다. 이러한 표현은 성경 곳곳에서 발견됩니다. 구약의 다음 구절을 찾아 적어 보세요.

"그가 모태에서 (   ) 나왔은즉 그가 (   ) 돌아가고 수고하여 얻은 것을 (   ) 자기 손에 가지고 가지 못하리니"(전 5:15).

다. 바울은 우리에게 있는 이것들만으로도 만족할 수 있어야 한다고 강조합니다. 이것들은 각각 무엇입니까? (6:8)

라. 먹을 것과 입을 것이 있는 것만으로도 감사할 수 있습니까? 나는 주로 어떠할 때 감사합니까? 내게 있는 것에 자족하는 마음이 있는지 점검해 봅시다.

3. 일만 악의 뿌리(6:9-10)

바울은 물질에 대한 경고의 말씀을 선포하고 있습니다. 물질의 주인은 하나님이심을 인식하며 맡은 청지기로서 지혜롭게 활용하면 다행이지만, 지나친 욕심으로 인해 물질을 하나님처럼 여긴다면 책망을 받게 될 것입니다. 당시 공동체 내에서도 물질로 인한 시험에 빠진 자들이 많았던 것으로 보입니다. 바울은 이들에 대해 경고하고 있습니다.

가. 부하려 하는 자들이 빠지게 되는 함정은 무엇입니까? 그리고 이들의 마지막 모습은 어떠합니까? (6:9)

나. 돈을 사랑함이 일만 악의 뿌리가 된다는 것은 어떤 연관성이 있습니까? (6:10)

심화 및 적용 질문(나눔)

1. 바울의 시대나 오늘의 시대나 다른 교훈을 말하는 사람들이 끊이지 않는 이유는 무엇이라고 생각합니까? 이러한 미혹에 넘어가지 않기 위해 평소에 어떤 대비가 되어 있어야 할까요?

2. 내가 자족하지 못하는 이유입니까? 나는 주로 어떤 상황에서 자족하지 못하고 힘들어합니까?

3. 예수님은 사람이 두 주인을 섬길 수 없다고 하셨습니다(마 6:24). 하나님과 재물을 동시에 섬길 수 없다는 말씀입니다. 당신은 이 말씀이 우리의 실존과 먼, 현실과 동떨어진 말씀이라고 생각하는 편입니까? 아니면 정말로 그렇게 믿고 계십니까? 솔직하게 자신의 생각을 말해 봅시다.

4. 나의 삶 가운데 지나친 욕심으로 인해 고통을 겪은 적이 있었습니까? 이러한 경험들을 통해 배운 것은 무엇이었습니까?

기도

1. 다른 교훈에 미혹되지 않고 오직 주님만 바라볼 수 있는 믿음을 허락하여 주옵소서.

2. **나라를 위한 기도**

   통일이 되어 남북한이 하나 되어 하나님을 함께 섬기게 하옵소서.

3. **그룹을 위한 기도**

   디모데전서 성경공부를 통해서 각 사람의 신앙이 자라나게 하옵소서.

10과

믿음의
선한 싸움(6:11-21)

11오직 너 하나님의 사람아 이것들을 피하고 의와 경건과 믿음과 사랑과 인내와
온유를 따르며 12믿음의 선한 싸움을 싸우라 영생을 취하라 이를 위하여 네가
부르심을 받았고 많은 증인 앞에서 선한 증언을 하였도다 13만물을 살게 하신 하
나님 앞과 본디오 빌라도를 향하여 선한 증언을 하신 그리스도 예수 앞에서 내
가 너를 명하노니 14우리 주 예수 그리스도께서 나타나실 때까지 흠도 없고 책
망 받을 것도 없이 이 명령을 지키라 15기약이 이르면 하나님이 그의 나타나심을
보이시리니 하나님은 복되시고 유일하신 주권자이시며 만왕의 왕이시며 만주의
주시요 16오직 그에게만 죽지 아니함이 있고 가까이 가지 못할 빛에 거하시고 어
떤 사람도 보지 못하였고 또 볼 수 없는 이시니 그에게 존귀와 영원한 권능을 돌
릴지어다 아멘 17네가 이 세대에서 부한 자들을 명하여 마음을 높이지 말고 정
함이 없는 재물에 소망을 두지 말고 오직 우리에게 모든 것을 후히 주사 누리게
하시는 하나님께 두며 18선을 행하고 선한 사업을 많이 하고 나누어 주기를 좋
아하며 너그러운 자가 되게 하라 19이것이 장래에 자기를 위하여 좋은 터를 쌓아
참된 생명을 취하는 것이니라 20디모데야 망령되고 헛된 말과 거짓된 지식의 반
론을 피함으로 네게 부탁한 것을 지키라 21이것을 따르는 사람들이 있어 믿음에
서 벗어났느니라 은혜가 너희와 함께 있을지어다

시작 찬송 - 150장 "갈보리 산 위에"

개요

이제 디모데전서의 마지막에 이르렀습니다. 바울은 디모데를 일컬어 '하나님의 사람'으로 칭하며, 그동안 언급한 악한 것들을 피하고 온전히 따라야 할 덕목들을 열거합니다. 예수님의 재림 때까지 신앙의 명령을 잘 지키고, 재물에 소망을 두지 말고 하나님을 바라볼 것을 강조합니다.

주제성구

"오직 너 하나님의 사람아 이것들을 피하고 의와 경건과 믿음과 사랑과 인내와 온유를 따르며 믿음의 선한 싸움을 싸우라 영생을 취하라 이를 위하여 네가 부르심을 받았고 많은 증인 앞에서 선한 증언을 하였도다"(6:11-12).

본문 관찰 질문

1. 선한 싸움을 싸우라(6:11-12)

가. 바울은 디모데를 향하여 무엇이라고 부르고 있습니까? (6:11)

나. 디모데가 구하며 따라야 할 것으로 소개된 것들은 각각 무엇입니까? (6:11)

다. 디모데를 부르신 하나님의 목적은 무엇입니까? 12절을 근거로 대답해 보세요. (6:12)

라. 나는 하나님의 사람이라는 정체성이 있습니까? 그렇다면 내가 버려야 할 것, 따라야 할 것, 부르심의 목적은 무엇입니까? 고민해 보고 아래에 적어 봅시다.

- 내가 버려야 할 것:

- 내가 따라야 할 것:

- 나를 부르신 목적:

2. 그리스도께서 나타나실 때까지(6:13-16)

바울은 예수님이 다시 오실 때까지 지금까지 언급했던 모든 명령을 지킬 것을 당부하고 있습니다(14절). 그리고 이때 바울은 하나님과 예수님의 이름을 빌려 디모데에 명령을 내립니다(13절).

가. 바울은 하나님과 예수님을 각각 어떤 표현으로 소개하고 있습니까? (6:13)

① (   )을 살게 하신 하나님
② 본디오 빌라도를 향하여 (   )을 하신 예수님

나. 15절의 바울의 고백은 어떤 의미를 지니고 있을까요?

다. 바울이 찬양한 하나님 송영의 내용을 적어 봅시다. (6:16)

– 오직 그에게만 (   )이 있고
– 가까이 가지 못할 (   )에 거하시고
– (   )도 보지 못하였고 또 볼 수 없는 이시니
– (   )와 영원한 (   )을 돌릴지어다 아멘

3. 마지막 권면(6:17–21)

가. 부한 자들에게 내려야 할 명령은 무엇입니까? (6:17–18)

나. 부한 자들이 위 명령을 듣고 순종하면 어떤 축복이 임합니까? (6:19)

다. 바울이 마지막으로 권면한 당부의 말은 무엇이었습니까?

"디모데야 ( )되고 ( ) 말과 ( ) 지식의 반론을 피함으로 네게 부탁한 것을 지키라 이것을 따르는 사람들이 있어 믿음에서 벗어났느니라 은혜가 너희와 함께 있을지어다"(6:20-21).

심화 및 적용 질문(나눔)

1. 바울은 디모데에게 피할 것과 지킬 것을 여러 차례에 걸쳐 강조합니다. 나의 자녀들에게 나는 어떤 신앙적 권면의 말을 남기고 싶습니까?

2. 나는 하나님을 어떤 하나님으로 고백하며 찬양하고 있습니까? 나에게 하나님은 어떤 분이십니까?

3. 디모데전서의 오늘 마지막 부분을 통해 바울이 어떤 마음으로 이 서신을 썼을지를 나누어 봅시다.

4. 그동안 디모데전서를 통해서 느낀 점, 배운 점들을 적어 보고 함께 나누어 보세요.

기도

1. 우리는 교만하지 않고, 하나님의 말씀에 순종하여 하나님이 주시는 복을 받게 하옵소서.

2. 우리 세대뿐만 아니라, 우리 자녀 세대까지 신앙을 전달해 주는 우리가 되게 하옵소서.

3. 우리 교회 공동체 모두가 하나님의 말씀을 높이며, 그 말씀에 순종하게 하옵소서.

4. **감사기도**

   끝까지 디모데전서 성경공부를 할 수 있게 해주셔서 감사드립니다.

디모데전서
하나님의 사람들에게

1판 1쇄 인쇄 _ 2021년 9월 1일
1판 1쇄 발행 _ 2021년 9월 8일

지은이 _ 평광교회 교구부
펴낸이 _ 이형규
펴낸곳 _ 쿰란출판사

주소 _ 서울특별시 종로구 이화장길 6
편집부 _ 745-1007, 745-1301~2, 747-1212, 743-1300
영업부 _ 747-1004, FAX 745-8490
본사평생전화번호 _ 0502-756-1004
홈페이지 _ http://www.qumran.co.kr
E-mail _ qrbooks@daum.net / qrbooks@gmail.com
한글인터넷주소 _ 쿰란, 쿰란출판사
페이스북 _ www.facebook.com/qumranpeople
인스타그램 _ www.instagram.com/qrbooks
등록 _ 제1-670호(1988.2.27)
책임교열 _ 박은아 · 최가영

 ISBN 979-11-6143-602-9 93230